走遍世界很简单

ZOUBIAN SHIJIE HENJIANDAN

法国大探秘
FAGUO DATANMI

知识达人 编著

成都地图出版社

图书在版编目（CIP）数据

法国大探秘/知识达人编著 . —成都：成都地图出版社，2017.1（2021.5 重印）
（走遍世界很简单）
ISBN 978-7-5557-0264-1

Ⅰ．①法… Ⅱ．①知… Ⅲ．①法国—概况 Ⅳ．① K956.5

中国版本图书馆 CIP 数据核字 (2016) 第 079886 号

走遍世界很简单——法国大探秘

责任编辑：	吴朝香
封面设计：	纸上魔方
出版发行：	成都地图出版社
地　　址：	成都市龙泉驿区建设路 2 号
邮政编码：	610100
电　　话：	028-84884826（营销部）
传　　真：	028-84884820
印　　刷：	唐山富达印务有限公司

（如发现印装质量问题，影响阅读，请与印刷厂商联系调换）

开　本：	710mm×1000mm　1/16		
印　张：	8	字　数：	160 千字
版　次：	2017 年 1 月第 1 版	印　次：	2021 年 5 月第 4 次印刷
书　号：	ISBN 978-7-5557-0264-1		
定　价：	38.00 元		

版权所有，翻印必究

前　言

美丽的大千世界带给我们无限精彩的同时，也让我们产生很多疑问：世界上到底有多少个国家？美国到底在什么地方？为什么奥地利有那么多知名的音乐家？为什么丹麦被称为"童话之乡"？……相信这些问题经常会萦绕在小读者的脑海中。

为了解答这些问题，我们精心编写了这套《走遍世界很简单》系列丛书，里面蕴含了世界各国丰富的自然、地理、历史以及人文等社会科学知识，充满了趣味性和可读性，力求让小读者掌握最全面、最准确的知识。

本系列丛书人物对话生动有趣，文字浅显易懂，并配有精美的插图，是一套能开拓孩子视野、帮助孩子增长知识的丛书。现在，就让我们打开这套丛书，开始奇特的环球旅行吧！

路易斯大叔

　　美国人,是位不折不扣的旅行家、探险家和地理学家,足迹遍布世界。

多多

　　10岁的美国男孩,聪明、活泼好动、古灵精怪,对一切事物都充满好奇。

米娜

　　10岁的中国女孩,爸爸是美国人,妈妈是中国人,从小生活在中国,文静可爱,梦想多多。

目 录

引言 / 1

第1章 浪漫花都"光之城" / 6

第2章 石头门和钢铁塔 / 13

第3章 来一顿法式大餐 / 21

第4章 最美的大道最亲的河 / 29

第5章 艺术之宫的特色建筑 / 34

第6章 豪华的宫殿之旅 / 44

第7章 沉睡的伟人们 / 51

第8章 酒国第戎自驾游 / 56

第9章 畅游丝都文化城 / 61

第10章 曾经的教皇城 / 68

目 录

第11章　美丽田园薰衣草 / 75

第12章　黄金海岸看大海 / 81

第13章　金棕榈奖与铁面人 / 89

第14章　去听一曲《马赛曲》/ 98

第15章　图卢兹的太空城 / 104

第16章　中世纪之城和议会之都 / 114

引言

"什么时候才能开始新的旅行呢？待在家里好无聊！"多多在房间里走来走去，一副不耐烦的样子。

"我想快了。"米娜停下笔——她正在写旅行见闻——对多多说，"路易斯大叔这两天好像在做准备呢。"

多多眼前一亮，停了下来，说："真的吗？我怎么没注意到？你猜，这次我们会去哪里？"

"这我可不知道。"米娜神秘地笑笑说，"你为什么不去看看路

易斯大叔的旅行计划呢？"

"对呀！"多多恍然大悟，转身冲出了房间——原来，路易斯大叔带他们旅行前经常会在一个小本上写上两句话，暗示他们的目的地在哪里。

不一会儿，多多拿着本子跑回来了。本子的最后一页，画有一个尖角朝上的六边形，其中三条边之外还画着好几条水波纹。"这是什么？"多多皱着眉头说。

"想想看，大叔为什么要画水波纹？"米娜启发道。

"那是水？而且是面积很大的水域，不是河流、湖泊？"多

多猜测。

"没错，那是海洋。"米娜笑了。

"我明白啦！"多多兴奋地说，"我们要去一个三面临海的地方。但那又是哪里呢？"

"我们可以找找看啊。"米娜说着，变戏法般拿出一张世界地图来。

两个人在地图上找了起来。他们从右边看起：格陵兰岛？不是，它四周都是水；加拿大？太零碎了；美国？只有两侧有大西洋和太平洋；墨西哥？不像，它还带着个从美国伸出来的长鼻子半岛呢；古巴？不会，它只是个岛屿；南美洲的那些国家吗？也没一个三面临海的。

再往中间看：整个亚洲只有韩国是三面临海的，但它不是六边形。那些岛国呢？都不大可能。澳大利亚？更不像了。

现在该到欧洲和非洲了。哈，这里有：意大利、法国、西班牙，看样子南非也算一个。他们看着这几个国家的样子：意大利像一只靴子，西班牙更接近于三角形，南非则有点像椭圆……"是法国！"米娜和多多齐声说。他们望着对方，开心地笑了。

正在这时，电话铃声响了。多多接起了电话，是路易斯大叔。

"孩子们，做好准备，我们明天就要启程，开始新的旅行啦！"他愉快的声音从话筒里传了出来。

"我们去哪里？是去法国吗？"多多急忙问道。

"哈哈！聪明的孩子。看来你们已经找到了答案。"路易斯大叔说，"那就快去准备吧！别忘了带上你们的旅行百宝箱和里面所有的东西。我晚上回来会检查的哟！再见！"

米娜和多多连忙收拾好行李，又把望远镜、照相机、太阳镜等旅行必备的东西装进了自己的小箱子，这才停下来，安心等待路易斯大叔归来。

晚上，多多兴奋得整夜都没睡好，他梦到他和路易斯大叔、米娜三个人骑着大鸟，飞越山川河流，飞到了那个三面临海的美丽国度……

第1章

浪漫花都"光之城"

　　终于出发啦。路易斯大叔带着孩子们登上飞机。飞机起飞了，在云层上空安静地飞行。米娜和多多已经知道，他们旅行的第一站就是法国的首都巴黎。他们喝了一杯飞机上免费提供的热巧克力，舒舒服服地靠在座椅上，睡着了。

　　路易斯大叔叫醒他们的时候，飞机已经徐徐降落，最后停在了

巴黎戴高乐国际机场。三个人下了飞机，乘上机场巴士，直奔巴黎市区。

巴士很快就进了市区。此时正是下午，米娜和多多向车外一看——哇！好美啊！到处都是花——有玫瑰，有紫罗兰，有郁金香，还有蝴蝶花……但最多的还是一种样子像百合花的花朵，到处都有这种花的踪迹——他们简直像是来到了花的海洋！

"为什么会有这么多花呢？你们看，不光街道边、花园中，就连商店的橱窗里、家家户户的阳台上都是花，巴黎人这么爱花吗？"多多看得入迷，忍不住问道。听多多这么一说，米娜也回过头，看着路易斯大叔。

路易斯大叔说："巴黎人的确爱花，他们种花、养花，用花装点

生活、美化环境、表达情意，所以巴黎被称为'花都'呢！"

"'花都'，花的都市！看起来真是名副其实呀！"米娜看着满城的花，不由得感叹道。

"是啊，巴黎真是一座花的都市。不过，'花都'可不光是花的都市，还有更深层的意思呢。"路易斯大叔说，"我们称巴黎为'花都'，更是指这座城市的多样性。在这里，不仅有许多经典建筑、城市标志和珍贵文物，还有最新潮的时装、琳琅满目的商品和时代文化潮流，巴黎人更是以浪漫著称。所以巴黎还有'浪漫之都'的美誉呢。"

"又是'花都'，又是'浪漫之都'，巴黎的美称还真不少。不

过巴黎有这么多花,的确很漂亮。"多多说。

"哈哈!现在是白天,到了晚上,巴黎还另有一种风情呢。"路易斯大叔笑了,接着说,"整个巴黎城灯火通明,街上的路灯、霓虹灯、橱窗里的灯光、灯箱广告五彩纷呈,建筑物上的装饰灯更是辉煌壮丽,让人赏心悦目,更加感受到夜巴黎的魅力。所以呀……"

"所以,巴黎还叫'光之城'!对吗,路易斯大叔?"米娜抢着说。

"没错,"路易斯大叔点点头,掰起了指头,"'花都'、'浪漫之都',又是'光之城',还有'时尚之都'——因为巴黎的时装

和香水世界知名。而且巴黎还是一个现代化的国际大都会，和美国纽约、英国伦敦、日本东京并称为'四大世界级城市'呢！"

"哈哈，难怪这么大，我们到现在还没到地方呢。"多多扮了个鬼脸说。

公共汽车一到站，米娜和多多就迫不及待地跳下车。米娜见街边有一大片五颜六色的花丛，忙跑过去，又是看，又是嗅，还连连叫着："真漂亮！真香！这些百合花太美啦！"

"这可不是百合花。"路易斯大叔跟了过来，说道，"它们叫香根鸢尾，是一种鸢尾科植物。香根鸢尾是法国的国花呢！"

"法国国花？难怪满街都是呢！"多多说。

"不过它们真像百合，而且很漂亮，不是吗？"米娜说，"可惜不能摘两朵。"

他们很快找了家旅馆住了进去。坐了大半天飞机，孩子们都累了，但他们都非常兴奋，缠着路易斯大叔要出去走走。路易斯大叔告诉他们，吃过晚饭后可以去看看夜景，不过正式的行程明天才开始呢。

晚上，他们欣赏了旅馆附近美丽的夜色和璀璨的灯火后，就早早回房间睡觉了。他们要养足精神，明天好好参观一下美丽的巴黎！

法国的国花

法国的国花是香根鸢尾，这种花很像百合花，百合花有6片花瓣，香根鸢尾看起来也有6片花瓣，实际上却只有3片是花瓣，另外3片向下翻卷的是花萼。香根鸢尾红、橙、蓝、紫、黑、白各色都有，它的名字在希腊文中就是"彩虹"的意思。

香根鸢尾为什么会成为法国国花呢？有一种说法是：9世纪时，克洛维打跑了占领法国土地的罗马人，建立了法兰克王国。克洛维加冕为国王的时候，上帝把香根鸢尾作为礼物赠送给他。后来香根鸢尾就成了法国王权的象征，逐渐成为法国国花。

还有一种说法是：鸢尾花代表着光明和自由，象征着纯洁和庄严，所以法国人选它作为国花。

第 2 章

石头门和钢铁塔

天刚亮,多多和米娜就起来了。他们和路易斯大叔简单地吃了点早餐,就走出旅馆,开始了第一天的观光。

三个人从旅馆出发前行不远,转过一个街角,就来到星形广场(又名戴高乐广场)上。广场正中央矗立着一座高大的石拱门,巍峨挺拔,显得非常宏伟壮观。

"这就是巴黎最重要的标志建筑之一——凯旋门啦。"路易斯大

叔介绍说,"凯旋门是古罗马人创造的一种建筑,用来纪念战争的胜利、宣扬皇帝的功绩。后来很多欧洲国家都修建过凯旋门,整个欧洲有100多座凯旋门呢,但巴黎凯旋门是其中最大的一座。"

"那这座凯旋门是为谁建造的呢?"米娜好奇地问。

"说起这座凯旋门,"路易斯大叔说,"它是法国皇帝拿破仑为纪念他的军队打败沙皇俄国和奥匈帝国联军而建的,从1806年开始修

建，到1836年才完工，整整用了30年！"

多多仰头看着凯旋门，感叹地说："难怪它这么高大雄伟呢！它都是用石头建的吗？"

"没错，整个大门都用石头建成，上面有不少花纹和浮雕，真称得上建筑史上的奇迹。"路易斯大叔边说边领他们向前走。多多和米娜一路只顾抬头看，猛听得路易斯大叔说："停一下，不要走啦！"

原来，他们已经来到了凯旋门脚下。他们一低头，看到地上有一排鲜红的大字。

"这是什么？"多多问道。

"这是无名烈士墓,建于1920年。在第一次世界大战中牺牲的一位无名士兵就埋在这块平整的地面下。法国人以此来缅怀在一战中牺牲的150万名法国士兵,这座墓同时也是法国人民爱好和平的象征。"路易斯大叔回答。

他们绕过无名烈士墓来到凯旋门前,看着上面的浮雕。路易斯大叔告诉他们,凯旋门两边门柱上的四幅大型浮雕,分别以"出征"、"胜利"、"抵抗"和"和平"为主题。尤其是"出征"浮雕,又被命名为"马赛曲"。法国的国歌就叫《马赛曲》,原名《莱茵军团战歌》,是一个叫鲁热·德·李尔的法国军官在法国大革命时期创作的战歌。马赛志愿军到巴黎帮助革命者抵抗侵略,就是唱着这首歌进城的,于是法国人就称它为《马赛曲》。1795年,《马赛曲》被定为法

国国歌。

"一定是这一幅!"多多指着右边门柱说。那是一组人物,最上面是背生双翅、手挥宝剑的自由女神,她下面是一群战士——他们有的持矛,有的舞盾,正奋勇前进呢!

三个人看着画面上栩栩如生的人物,都赞叹不已。"这可真是艺术瑰宝啊!"米娜感慨地说。

看过浮雕,他们进到门柱里面。从这里拾阶而上,来到一座小型历史博物馆门前。米娜和多多在那里看到许多图片资料,经过路易斯大叔的逐个讲解,他们才知道原来拿破仑立了那么多战功,打了那么多胜仗呢!

再往上走,就到了凯旋门上面的平台了。站在平台上四下望去,

巴黎的主要建筑尽收眼底。他们看见一条条笔直的街道通向四面八方，一眼望不到尽头。路易斯大叔说："这里就是巴黎的市中心，这12条街道辐射开来，构成了巴黎的主要交通网络。"

"那座大铁塔就是埃菲尔铁塔吧？"米娜指着远处，兴奋地说。

"没错，就是它。我们现在就去看看它——巴黎的另一个代表建筑吧！"路易斯大叔说。

路上，路易斯大叔又给米娜和多多讲起了埃菲尔铁塔的历史。原来，这座铁塔建于1889年。当时，法国人为了纪念法国大革命100周年，要举办一次世界博览会。著名桥梁建筑师居斯塔夫·埃菲尔主持设计了这样一座高塔，它因此成为博览会的标志和展品。

短短一年半的时间，塔就建成了，它有300多米高，相当于100层楼那么高，是当时世界上最高的建筑。最特别的是，它和之前的建筑完全不同，除了4个塔基座之外，整个塔身都是用钢铁构件连接而成的，光是连接用的铆钉就耗费了几百万个。

说着，他们走到了埃菲尔铁塔的跟前。巍峨的铁塔耸立着，直插云霄。

"只有用'伟大'两个字才能形容它！"多多禁不住说。

到了埃菲尔铁塔所在的战神广场，他们才发现，这座塔不但高大，而且占地很广。它的塔座像楼房般巨大；塔身从塔座伸展上去，画出优美的弧线，在高空中并成一个细细的塔尖。

开始登塔啦。米娜和多多兴奋地跑在前面，但才爬到第一层平台，他们就累得气喘吁吁，满头大汗。旋转楼梯转得人头都晕了，他们都不记得爬了多少级台阶。

在第一层平台上，路易斯大叔带着他们吃了午餐和甜点。向外望去，有草坪，有宫殿，有喷水池和教堂式的建筑，还有一条河缓缓流过。

"那是塞纳河。正是它穿过巴黎市中心,给巴黎人带来了干净的饮用水和清凉的空气以及美丽的风景。"路易斯大叔向孩子们介绍道。

继续向上,他们实在无法步行了,只好乘电梯。到了第二层平台,已经离地面100多米了。从这里望出去,下面的楼房建筑都仿佛缩小了,就连宏伟的凯旋门都成了"小矮人",让人一点儿也不觉得它高大了。

接着,他们又来到了第三层平台。在这接近300米的高空,下面的一切都像模型一样。站在这里极目远眺,整个巴黎都在视野之内,真可以说是"一览众山小"了。

米娜和多多看着眼前的美景久久不肯离去。最后,还是路易斯大叔硬拉着他们,他们才依依不舍地离开了。

在塔下,他们每人买了一个小小的埃菲尔铁塔金属模型留作纪念,然后乘车返回了旅馆。

第3章

来一顿法式大餐

一天下来，米娜和多多都玩累了。回到旅馆没一会儿工夫，他们就睡着了。多多感觉才刚闭上眼睛，就被路易斯大叔叫醒了："起来起来，我们要去吃法式大餐啦！"

听到"吃"，多多很快爬了起来。他来到客厅，米娜已经等在那里了。路易斯大叔看看他们的衣服，一本正经地说："你们这样子可不行，要去换上正式场合穿的衣服，不然我们连餐厅的门都进不去。"

又经过一番重新收拾，三个人都打扮好了。米娜见多多西装革履的，还系着领带，便哈哈大笑起来；多多看到米娜穿上长裙子，像个小公主，也笑了。

"好啦，我们该出发了。"路易斯大叔也是西装革履，带着他俩来到一家漂亮的餐馆。

落座后，多多看看四周，果然人人都穿得非常正式，邻座的一个小男孩也和他一样穿着西装系着领带，却忍不住东张西望，样子好玩极了。

"吃法式大餐都要这样吗？"多多忍不住问。

"对。"路易斯大叔说，"在高级餐厅，人们都要穿正装，这是

社交礼仪，必须遵守。"正说着，侍者过来了，路易斯大叔开始用法语点菜，米娜和多多一句都没听懂。

趁等菜的工夫，路易斯大叔告诉他们："法国是世界著名的美食国度。在这里，人们的早餐和午餐很简单，但很多人对晚餐非常重视，按照严格的程序来吃这顿正餐。这样一顿饭吃下来，往往要三四个小时呢。"

"哇，那要吃多少东西啊！"多多简直不敢相信。

"不是多少，而是程序。先吃什么再吃什么，都是有讲究的。"路易斯大叔说。

多多很向往这顿大餐，米娜也很期待，想知道他们将会吃哪些东西。

开席啦。路易斯大叔端起开胃酒品尝起来；米娜和多多面前的则是一杯果汁。侍者端来一小碟饼干，多多拿起一块就嚼，竟然是咸的。

"哈哈，这是餐前的开胃点心，所以不是甜的。"路易斯大叔笑着说。

他们慢慢品味了一会儿，果然胃里舒服多了。这时侍者撤掉了杯盘，又换来一套新的——原来第一道菜来了。这是一盘牛排，浇着浓浓的酱汁，看起来就让人很有食欲。侍者又倒上三杯红葡萄酒，也分给米娜和多多每人一杯。

"法国人吃肉一定要佐以红葡萄酒，所以你们也少喝一点吧。"路易斯大叔说。

牛排被分成三份，分别放在他们面前的碟子里。米娜尝了一口，差点吐了出来："怎么是生的？"她吓了一跳。

"哦，法式牛排就是这样的。他们喜欢生鲜的感觉，肉类往往

做成半熟就吃。但其实这样吃很鲜嫩,你再试试?"路易斯大叔解释完,又建议了一句。

米娜试着嚼了嚼,真的很鲜嫩,而且味道好极啦!

消灭了牛排,侍者又把他们面前的杯盘都撤掉了。多多感到奇怪:"这多费功夫啊!"

路易斯大叔笑了:"其实再换上来的餐具是不一样的。因为法国人吃不同食物要用不同的刀叉,喝不同的酒也要用不同的酒杯。"

果然,这次每个人面前都倒上了白葡萄酒,刀叉的样子也和之前用的不一样了。路易斯大叔告诉他们,这是为海鲜搭配的。说话间,侍者端上来一大盘龙虾,还有几只小碟子,里面有几个小小的壳,上

面放着烤好的肉。

"这是蜗牛肉吗？我听说法国人最喜欢吃蜗牛啦。"米娜问。

"说对了，这是烤蜗牛，是法国的名菜。我们快点吃吧。"路易斯大叔说。

蜗牛肉很鲜美，龙虾更不用提了。米娜和多多吃得很开心，路易斯大叔还不停地向他们介绍着每道菜，气氛别提多好啦。

这时候，侍者又端了一盘菜过来了——那里面是切成一片片的肝一样的东西。

"你们猜，这是什么东西？"路易斯大叔笑眯眯地问。

"我知道，是鹅肝！"多多抢着说，"法国的鹅肝是最好吃的，也最名贵了。"

"没错。法式鹅肝很肥美，也非常昂贵，是法国的名菜之一。而且，法国鹅肝做的鹅肝酱也非常好吃。"路易斯大叔补充道。

配着鹅肝，他们吃了点法式面包——这可是这顿大餐的主食。然后，他们又品尝了不少甜点，有蔬菜沙拉、水果沙拉、冰淇淋、咖啡和各式各样的点心。路易斯大叔还喝了点白兰地。他说这是法国人吃甜点时的最爱，但米娜和多多可没敢尝试。

这顿饭边吃边谈，真的吃了有三个多小时呢。到离开的时候，米娜和多多已经困得不行啦。

蜗牛和鹅肝

蜗牛是法国人最喜爱的食物之一,是法式大餐必备的一道菜。法国人吃蜗牛有焗、烤等烹调方法,调以酱汁,配以多种调料,味道非常鲜美。由于法国人对蜗牛肉的偏好,造成了大量的蜗牛消费。据说,每年法国人要吃掉3500吨蜗牛呢。

鹅肝是另一种法国人最喜欢的食物。但法式鹅肝可不是一般鹅的肝脏能做出来的,这么肥美的鹅肝,实际上是经过特殊喂养的鹅才会有的。怎么喂养呢?就是让鹅不停地吃,吃不下也要吃,还不能运动。

这些关在笼子里、嘴里插着管子不停进食的鹅很快就都得了病——脂肪肝,它们的肝也就肥美异常了。

第4章

最美的大道最亲的河

清晨的阳光暖洋洋地照进房间里，多多不情愿地爬起来。米娜已经第三次叫他起床了，她说要早点出去散步。这么早，能到哪里去呢？

还是由路易斯大叔领路，他们来到了星形广场，站在凯旋门下。这里早上游客不多，但已经有不少当地人脚步匆匆地赶着去上班，也有不少老年人在悠闲地漫步了。路易斯大叔指着前面的一条大道说："你们知道吗？这是世界上最美的大道！"

"为什么这是最美的?"多多有点不服气,他还没睡醒呢。

"香榭丽舍大道!你没听过吗?"米娜撇撇嘴,好像多多的这个问题问得太幼稚了,"那可是人间乐土啊!"

"对,'香榭丽舍'的确有这个意思。"路易斯大叔说,"不过它还叫'爱丽舍田园大道',所以也有'田园风光'的意思。我们还是走走看看吧。"

他们向前走去,清晨的微风吹拂着,让人很舒服。"但这里哪来的田园风光啊?"多多看着街道两边一家家的商店,怀疑地问。

"哦,当然。这里现在都是商业街,不是田园风光了。但再往前走走,你就看到了。"路易斯大叔说。

果然,没走出多远,刚过一个圆形的广场,风景就完全不同了:道路两旁都是碧油

油的草坪，夹道是两行绿树，林间鸟语花香，简直让人以为远离了都市，来到自然之中。眼前的美景让米娜心旷神怡；就连多多都不说话了，只顾着欣赏身边的美景。

在一处树荫下，他们坐了下来。路易斯大叔告诉他们，香榭丽舍大道从17世纪开始兴建，现在已经成了世界上最美的街道。刚才他们路过的那些商店更是时尚之都的代表呢。

在回来的路上，米娜可活跃了。路旁商店都开了门，橱窗中展示着琳琅满目的商品。米娜跳到这家看一看，跑到那家瞧一瞧，再溜进时装店和香水店逛一逛，根本不在乎多多发出的抗议。

等米娜终于逛够了，路易斯大叔和他俩吃了点东西，然后建议："下午我们来点休闲轻松的活动，到塞纳河上去游览一番吧！"

米娜和多多都拍手赞同——多多早就走累了；米娜也想换换口味，到船上欣赏一下两岸风光。

他们来到塞纳河边，乘上游船，向上游驶去。身处船中，听着舒缓的音乐，看着两岸的石堤，让人感到心旷神怡。就连路易斯大叔都不说话了，只顾着欣赏美景。

当船终于到了一处码头，停靠在岸边的时候，路易斯大叔总算回过神来。他告诉米娜和多多，这里就是西堤岛，是巴黎历史的发源地。

"巴黎人像很多城市的人一样，靠水而居，他们很喜欢塞纳河呢。"路易斯大叔说。

游船开始返航了。这次他们顺流而下，路易斯大叔开始给他们介绍两岸名胜——北岸是大小皇宫，南岸有大学区。他还讲起了横跨河上的那些桥——有几百年前修建的玛力桥、王桥和新桥，也有20世纪初建成的亚历山大三世桥。它们的历史真是说也说不完呢。

等他们回到岸上的时候，米娜和多多觉得这一天学到了很多东西。

第5章

艺术之宫的特色建筑

尽管昨晚吃得很饱,睡得很晚,米娜和多多还是早早就起来了。因为昨晚临睡时,路易斯大叔告诉他们今天要去参观巴黎的另外两个标志性建筑——卢浮宫和巴黎圣母院。

他们在塞纳河上游览的时候,已经远远地望见了卢浮宫。现在来到近前,才真正感觉到它的雄伟壮观。

这是一栋三层高的建筑,有几百米长,每隔一段距离就有一座城楼,主楼两侧有侧

翼向前伸出，整个一楼外侧都有长廊立柱，上面有各种浮雕装饰，非常美观。

在这座古典宫殿的正前方，有一座现代化的"金字塔"，竟然是用玻璃建成的，完全透明。"它是卢浮宫的入口，它的设计者还是一位华人呢！"路易斯大叔指着"金字塔"说。

"是中国人吗？"米娜问。

"不是，是一位美籍华人设计师，名叫贝聿铭。"路易斯大叔说。

他们从"金字塔"入口向卢浮宫内部走去，路易斯大叔边走边向米娜和多多介绍它的历史：卢浮宫是在1204年开始兴建的，当时主要是作为法国王室城堡的一部分，被当作国库和王室档案馆。后来，因为历代法国国王都热衷于收藏珍宝和艺术品，把得来的珍宝和艺术品陈列在卢浮宫里，很快卢浮宫就成了一座艺术宝库。

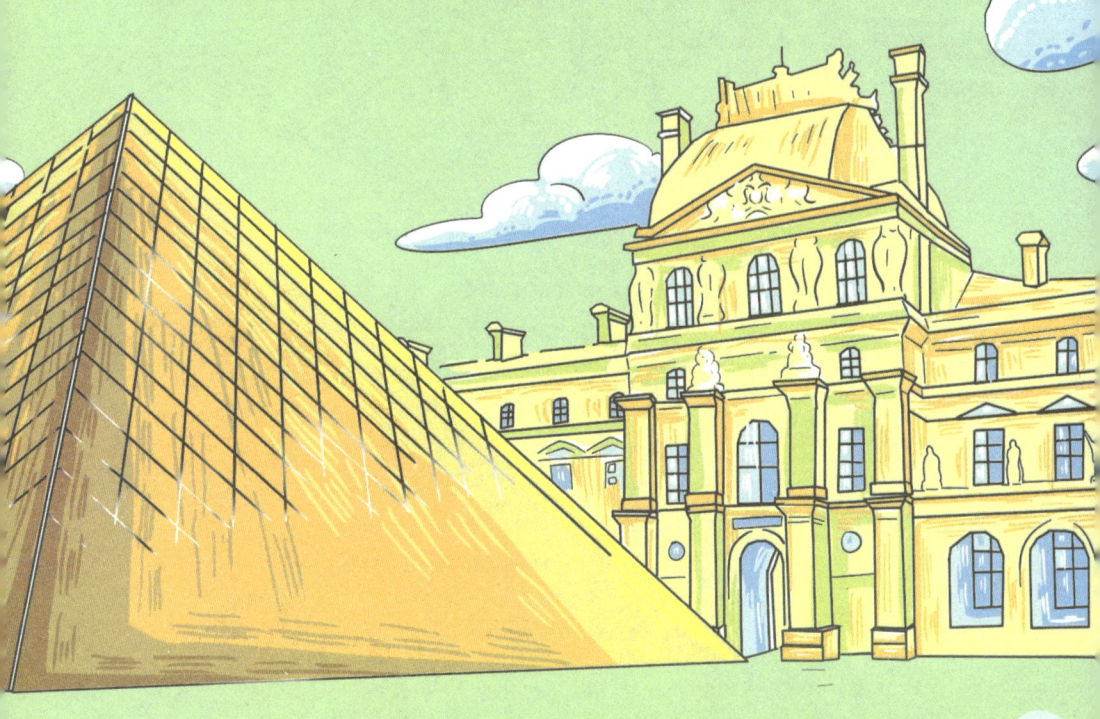

走到展厅入口，路易斯大叔告诉孩子们，现在的卢浮宫有40多万件收藏品，是世界三大博物馆之一。他说："你们看，这里有古希腊和古罗马艺术馆、古埃及艺术馆、东方艺术馆、绘画馆、雕塑馆和珍宝馆等，每个展馆都有许多艺术珍品，逛上一整天都看不完呢。"

"那我们就从东方艺术馆开始吧！"多多最喜欢东方文化，所以这样建议道。

"好啊，我们就来个'走马观花'吧。"米娜说。

在东方艺术馆，他们看到很多有着几千年历史的雕像、石刻。其中最著名的要数刻在一块玄武岩上的汉谟拉比法典——那是3700年前

的古巴比伦国王汉谟拉比制定的一部法律，也是人类历史上迄今所发现的第一步成文法典。还有牛身人面像，它们是亚述王宫的守卫，还长着翅膀呢。

随后，他们又在雕塑馆看到了各式各样的人物及动物雕像，在珍宝馆看到了王室贵族的豪华家具、金银餐具、嵌着宝石的王冠和许多珠宝首饰，还在古埃及馆看了木乃伊。

来到绘画馆，他们立即被大师创作的美丽画卷吸引了。这些画卷令人陶醉，风格迥异的人物、山水画和表述宗教神话故事的画卷都让人啧啧称奇。他们仿佛在上一堂多姿多彩的艺术欣赏课，又好像在艺术的海洋中徜徉。

"哇！那是《蒙娜丽莎》吗？"米娜指着一幅画，兴奋地喊道。

路易斯大叔顺着她手指的方向望过去，立刻说："是啊，这就是达·芬奇的名画《蒙娜丽莎》，你们看她的笑容是多么神秘啊！它可是卢浮宫三宝之一呢！"

听说有宝贝，多多来了精神。"另外两宝是什么啊？"他问。

"我们马上就会看到了，它们就在古希腊和古罗马艺术馆。"路易斯大叔说。

米娜和多多连忙赶到古希腊和古罗马艺术馆，要一睹卢浮宫之宝的风采。"我想维纳斯的雕像应该算一个。"终究是米娜知识丰富，她一下子就找到失去双臂但依然美艳绝伦的维纳斯像，"要知道，她

可是古罗马神话中的美神呢！"

"但另一件宝物是什么呢？"多多同意米娜的看法，急着寻找另一宝。突然，他看到有个怪模怪样，连头都没有的石雕，它展现出女性健美的身躯，还长着两只翅膀呢。

"这？这是胜利女神吗？"多多想起来凯旋门上的浮雕，觉得它们很像。

"没错，你也很聪明啊。这就是胜利女神，是卢浮宫三宝中的最后一个！"路易斯大叔笑着说。

"哇，我真的猜对了！"多多误打误撞猜对了，觉得很开心。

离开卢浮宫很远了，米娜和多多还沉醉在那浓浓的艺术氛围之

中。等他们再次乘坐塞纳河的游船登上西堤岛，跟随着路易斯大叔的脚步来到巴黎圣母院的时候，他们又被眼前这座庄严肃穆的大教堂震撼了。

"这就是雨果笔下的巴黎圣母院？是那个丑陋的敲钟人和美丽善良的流浪女发生浪漫爱情故事的地方？"米娜想起自己看过的雨果的小说《巴黎圣母院》，轻声问道。

"是啊，就是这里。"路易斯大叔说，"不过巴黎圣母院的出名可不仅仅因为雨果的小说，还在于它的建筑、历史、装饰艺术和宗教地位呢。"

"光看这座建筑就够了不起啦，它比凯旋门还要高吧？"多多敬畏地看着眼前高大的教堂钟楼和塔楼，小声地说。

"是啊,它最高处有90米高,主体也有将近70米高呢。而且建筑的长宽高比例非常匀称,钟楼塔楼也都纤细挺拔,给人以协调向上的美感。"路易斯大叔说。

"对了,你们看到那三道拱门上面的雕像了吗?那是众王廊,雕刻着28位君王的形象。"路易斯大叔指着拱门上方一根根立柱间的雕像说,"他们全都头戴王冠,却姿势各异,雕刻得多么细腻生动啊!"

"再往上的彩色玻璃窗绘满了装饰图案和圣经故事。那可都是不可多得的艺术精品啊!"他又向上指着说。

"最上面的栏杆旁雕刻的都是怪兽吗?"多多看到一些奇形怪状

的雕像，连忙问。

路易斯大叔笑笑说："差不多吧。那都是些神魔精灵，它们都来自一个奇幻的世界呢！"

"这座教堂真漂亮啊！"米娜感叹着。

"是啊，它是经典的哥特式建筑，非常有代表性呢！"路易斯大叔说。

进了教堂，米娜和多多更为惊叹。他们面前是一个狭长的大厅，两边高耸着立柱，这里是教堂的主殿，让人感到非常深幽，仿佛来到了天国。

主殿两侧是两翼侧殿，远处尽头有玫瑰花状的大圆窗。圆窗的彩色玻璃上绘着精美的图案，光线从圆窗透射进来，给人神秘而朦胧的感觉。

听路易斯大叔说，巴黎圣母院能容纳上万人，从14世纪中期建成以来就一直是巴黎的宗教中心和圣地。

米娜和多多饱览了教堂里的雕像和壁画后，又登上南北两座钟楼，亲自体验了一把"撞钟"的乐趣。不过可惜的是，他们没能看到巴黎圣母院之宝——木刻圣经故事，大概是因为它太宝贵了，不会轻易拿出来给游客欣赏吧。

米娜还一心想找到敲钟人加西莫多的遗迹，可惜没有找到……

从巴黎圣母院返回旅馆的途中，米娜一直念叨着《巴黎圣母院》这部小说，搞得多多都想马上回到旅馆去找这本书来看看。

第6章
豪华的宫殿之旅

充实的一天让米娜和多多睡了个好觉，再次醒来时已经是日上三竿了。匆匆吃过早饭，他们和路易斯大叔又出发了。这次，他们的目的地是位于巴黎市西南郊区的凡尔赛宫。

"哇！这就是凡尔赛宫吗？花园真大啊！到处是鲜花和草坪，实在太美了！"米娜喊着。

"还有这壮丽的宫殿！这么大的建筑群，得有多少房间啊！"多多也喊着。

"说起凡尔赛宫,它可是法国王室的皇家园林呢。这里光花园和草坪就有100万平方米,被称为'跑马者的花园'。"路易斯大叔说,"还有宫殿。在眼前这栋巨大建筑中,殿堂厅室至少有五六百间,而且富丽堂皇,极为豪华。"

接着,路易斯大叔讲起凡尔赛宫的历史来。其实凡尔赛最早只是一片森林、沼泽和荒地,后来法王路易十三在这里建了一个狩猎行宫,但规模很小,只有两层楼。

从路易十四开始,狩猎行宫被扩建成王宫,法国王室全都搬来了。他们经常在这里举办宴会、舞会和庆典活动,过着奢华的生活。1833年,凡尔赛宫成了历史博物馆。

走进凡尔赛宫入口,米娜和多多首先看到的是一座有着红色砖墙的庭院。路易斯大叔告诉他们,这就是最早的"凡尔赛宫"。在庭院里,他们看到了当初作为狩猎行宫的二层小楼,院子里有不少雕像,就连地面都铺着红色的大理石。

现在他们来到真正的凡尔赛宫了。一进门，他们立刻就感受到皇家帝王的气派：头顶是圆形、半圆形和平面的穹顶，穹顶上画满了彩绘图案，表现着法兰西国王的功绩和一些神话故事；四面是光可鉴人的大理石墙面，饰以大幅的壁毯、油画，以及各式浮雕——人像和狮子、鹰等动物形象；有些墙壁上还挂着盔甲和武器，让人感到非常雄壮和威严。

在很多地方，他们都看到有光芒四射的太阳图案。路易斯大叔告诉孩子们，这是太阳王的标记——第一个开始兴建凡尔赛宫的法王路

易十四就被称为太阳王。

　　米娜和多多跟路易斯大叔一间大厅挨着一间大厅地走过去，真是看得目不暇接——他们参观了海格力斯厅和丰收厅，又看了金星厅、月神厅、火星厅、水星厅和太阳神厅，然后是战争厅、镜厅与和平厅。

　　在太阳神厅，他们看到了用纯银打造的法国国王宝座。

　　最令他们难忘的是镜厅。一走进这宽敞的大厅就看到西面全是巨大的落地玻璃窗，透过它们能望见窗外花园中的美景；东面墙上是一块块镜子组成的巨大镜面，厅中景物映射其中，让整个大厅看起来仿佛扩大了一倍；拱顶有一盏盏水晶吊灯垂下来。米娜数了一下，有24盏呢！

"镜厅很了不起，"路易斯大叔告诉他们，"它是宫廷举办盛大舞会的地方，后来普鲁士国王威廉一世就是在这里加冕为德意志帝国皇帝的！"

"普鲁士国王怎么会跑到法国来加冕皇帝呢？"多多好奇地问。

"哦，那是因为德国在普法战争中打了胜仗，德军占领了凡尔赛宫，威廉一世为了炫耀他的战功，才在这里加冕称帝的。"路易斯大叔说。

接下来，路易斯大叔又领他们参观了国王和王后的寝宫，宫中的

剧场、教堂和战争画廊,然后他们才离开宫殿,来到花园。

在花园里,他们看到了运河、树林、神庙、村庄和动物园,以及露天回廊和雕像,花园里到处是喷泉。路易斯大叔告诉他们,这座花园里光是喷泉就有1400多个,法国人从塞纳河引来水灌溉这片土地,所以这座花园才会生机勃勃。

走到后来,米娜和多多都累坏了,但他们依旧兴致勃勃,因为还有很多东西没看呢。要不是路易斯大叔催促,他们还真不想走了呢。

回去的路上,米娜和多多靠在座椅上,回想着这一天中看到的法国建筑和工艺的奇迹。后来,路易斯大叔又给他们讲了太阳王路易十四的故事。他们听得可起劲啦,把一天的劳累都忘记了。

太阳王路易十四

路易十四是法国1643年到1715年间的国王。他从5岁继位到77岁逝世，在位72年，是世界历史上在位时间最长的君主之一。

他在执政时期有很多功绩：镇压了国内的反对势力，打败了西班牙、德意志和尼德兰，使法国强大起来。当然，修建凡尔赛宫也是他的功绩之一。可以说，他是一位非常伟大的君主。

长寿的路易十四比他的儿子、孙子活得都长，等到他死后，继位的路易十五已经是他的曾孙了。

第7章

沉睡的伟人们

今天是米娜和多多在巴黎的最后一天。很快,他们就要和路易斯大叔动身到法国南部去了。

早饭后,路易斯大叔建议说:"让我们去瞻仰一下法国历史上的伟人吧!"米娜和多多同意了——来一次法国,怎么能不认识一下这里的历史名人呢?

他们本以为路易斯大叔会带他们到公墓去,谁知到了目的地一看,原来是一座既像神殿又像教堂,还有一个大圆顶的建筑。

"这就是先贤祠,是'伟大的法国人'的陵墓。"路易斯大叔指着建筑正面高大的石柱说,"'先贤祠'在法文中是万神殿的意思,安葬在这里的人都是法国人心中的英雄!"

米娜仰头看着,说道:"我说它们怎么像罗马万神殿前面的石柱呢!"

沿石阶而上,走过高大的石柱,三个人向先贤祠走去。一边走,

路易斯大叔一边对他们说着："没错，先贤祠正面是仿照万神殿造的，你们看到石柱上的三角形门楣了吗？那上面有一行字，刻的是：'献给伟大的人们，祖国感谢你们！'"

"先贤祠最早其实是一座教堂，是路易十五为了感谢巴黎的女圣人圣·热内维耶修建的。"路易斯大叔接着说，"法国大革命之后，它成了祭祀和缅怀革命先贤的地方，于是就改名为先贤祠了。"

进入先贤祠，米娜和多多看到10根同样高大的石柱支撑起巨大的圆顶，阳光从天窗倾泻而下，照得殿内非常明亮。石柱后是一间间墓室，它们雕栏画壁，显得精美而又肃穆。

路易斯大叔带他们来到正面最显眼的两间墓室，指着相对而放的两具

棺木说："这里面就是法国最著名的两位名人——伏尔泰和卢梭了。"

"他们都是什么人啊？"多多问。

"伏尔泰是法国启蒙时期最重要的思想家、文学家和哲学家。"路易斯大叔答道，"他被称为'法兰西思想之王'和'欧洲的良心'，他还是第一个把中国剧本传播到西方的人呢。"

"中国剧本？"米娜很好奇。

"对啊，"路易斯大叔说，"他写过一个剧本叫《中国孤儿》，就是讲赵氏孤儿的故事。"

"那卢梭呢？他又是什么人？"多多又问。

"卢梭也是伟大的启蒙思想家和哲学家。"路易斯大叔说，"他写过不少哲学书稿,还有一部教育学著作,叫《爱弥儿》。"

接着,路易斯大叔把卢梭的棺木指给他们看——棺木正面看上去好像一座庙,庙门里伸出一只手,手上还举着火炬呢。

"法国人认为是卢梭燃起了思想之火,他们把他称为'自由和真理之人'呢!"路易斯大叔解释道。

瞻仰过伏尔泰和卢梭,他们又看了维克多·雨果,还有法国著名作家和自由战士左拉、数学家拉格朗日、物理学家皮埃尔和玛丽·居里夫妇,以及其他很多名人。

"想进入先贤祠可不容易,"告别先贤祠时,路易斯大叔告诉米娜、多多,"法国有很多著名人物,像三大短篇小说之王中的莫泊桑、现实主义大师巴尔扎克,都还没有这样的幸运呢!"

"看来法国人对自己的伟人要求还真是严格呢!"多多感叹着。

第8章

酒国第戎自驾游

"出发啦,出发啦!"多多听说这次他们是自驾游,兴奋极了。他率先跳上了路易斯大叔租来的越野吉普,米娜紧随其后。看来,她也对这次自驾游产生了浓厚的兴趣。

"现在启程,前方第一站——第戎!"路易斯大叔宣布。

自驾游就是舒服，才两个多小时，他们已经来到了勃艮第的省首府第戎。一路上，路易斯大叔已经给他们介绍了不少关于第戎的情况。比如他们了解了第戎是一座历史文化名城，也是一座美食城。当然，更重要的是，它是勃艮第葡萄酒产区的中心，是法国著名的葡萄酒王国！

一进城，路易斯大叔就在街边买了本封面上画着一只猫头鹰的小册子。他翻了翻，告诉孩子们猫头鹰是第戎的吉祥物，所以，他们现在要展开一次"猫头鹰之旅"啦。

从达尔西公园出发，他们开始了"猫头鹰之旅"。在那儿，他们看到一个巨大的北极熊雕像和宽阔的蓄水池。按照"猫头鹰"的指示，他们途经钟楼旅馆，穿过被称为吉约姆大门的凯旋门式建筑，参观了商业街，再到格朗吉尔广场、弗朗索瓦·鲁德广场，那里有第戎和勃艮第的象征——采葡萄人雕像。

再往前走，过了弗尔日大街，就是第戎圣母院了。路易斯大叔带着米娜和多多去看这里的著名标志——雅克马尔钟。它可有意思啦，里面有4个小人模型，是夫妇俩和他们的孩子。夫妇俩整点出来敲钟，每刻钟男孩和女孩出来敲钟，看得多多简直想把这座钟带走。

在第戎圣母院外面，路易斯大叔指着雕在墙上的猫头鹰说，这就是第戎著名的猫头鹰雕像。人们相信用左手抚摸它，会给自己带来好运。米娜和多多也都用左手摸了摸猫头鹰，这就叫作"入乡随俗"。

"哈哈，现在我们到了勃艮第公爵宫啦！"路易斯大叔笑着说，

"作为法国历史文化名城,勃艮第公爵宫可是第戎的标志之一啊!"

"勃艮第公爵是多大的官呀?"多多问。

"他是当年法国一个非常有势力的公爵,相当于中国的战国七雄之一。"路易斯大叔说,"你们看这座宫殿,最早是14世纪兴建的,后来在17世纪和18世纪又新建了很多建筑,现在它们是第戎的市政厅和美术馆所在地。"

"原来这里是美术馆呀,那我们快去看看吧!"米娜非常喜欢绘画,听路易斯大叔这么说,连忙建议。

"好啊!这里有许多文艺复兴之前尤其是路易十四时期的美术作品呢!"路易斯大叔说着,和孩子们快步走了进去。

离开第戎美术馆后,孩子们都饿了,路易斯大叔带着两个孩子来到一家餐厅,美美地享受了一顿大餐,不但有美食,还有那浓厚香醇的红酒。当然,这美酒只能路易斯大叔一人品味。

享受完第戎大餐后,路易斯大叔带着他们回到了钟楼旅馆。在这里,他们有幸看到很多名人的签名——不是给崇拜者的,而是在旅馆的登记簿上。

路易斯大叔已经睡了,米娜和多多却还在热烈地讨论着下一站路易斯大叔会带着他们到哪里去,在那里,他们又会遇到什么呢?

第9章

畅游丝都文化城

第二天一大早，路易斯大叔又精神抖擞了。他们准备驱车前往法国东南部的重镇——法国第三大城市里昂。这一次时间更短，只一个多小时，他们就到了目的地。

进了城区，车子沿着一条河蜿蜒前进。"这是罗纳河，它会在城市的南端和穿城而过的索恩河汇合。在我们西边就是里昂的老城区了。它已经有2000多年的历史啦，可是一座从古罗马时代就繁荣起来的古城呢！"路易斯大叔说。

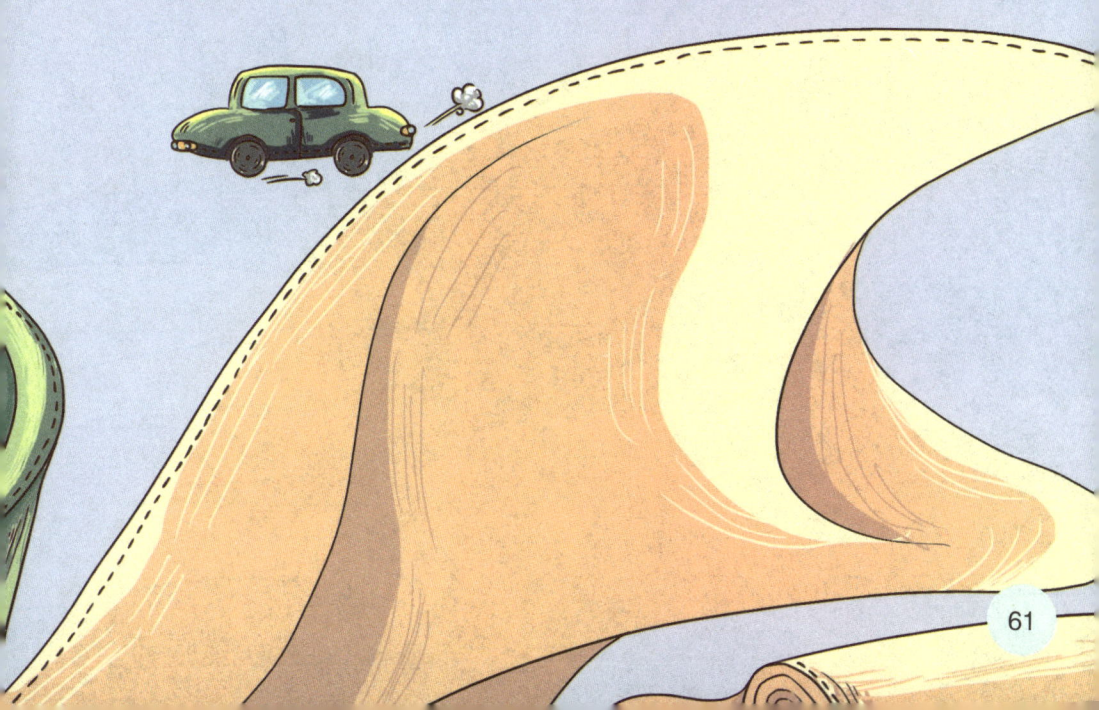

"嗯,我知道那里有不少大教堂呢。其中有圣让首席大教堂、圣保罗大教堂、圣乔治大教堂,还有福维耶山上的圣母院、大主教府和福维耶铁塔,都是名胜!"多多自豪地说,他昨天可是看了不少资料。

"我还知道整个里昂城有21家博物馆,称得上是博物馆之城啦!"米娜点点头补充道,她昨天也没闲着。

"你们说得都对。"路易斯大叔开心地笑了,"不过人们更喜欢叫它'文化城',它可是联合国承认的世界人文遗产城市呢。此外它还有很多别称,比如'丝绸之都'、'壁画之都',以及'发明家之城'……"

"那我们还不赶紧去看看？"多多忍不住了。

"当然，我们现在就去，首先让我们参观它作为丝绸之都的象征——纺织博物馆吧！"路易斯大叔说着，把车停了下来。原来他们已经到了第一个景点。

走进纺织博物馆，三个人好像一下子置身纺织品的海洋了。这里有法国普通人的衣帽服饰，也有国王、王后和贵族们穿过的精美而华贵的丝绸衣裳，还有装饰用的窗帘、壁挂，如同一部详尽的历史画卷，又像花团锦簇的纺织品王国，让路易斯大叔他们沉醉其中。而关于里昂纺织业发展的介绍，更让他们学到了很多。

出了纺织博物馆，路易斯大叔他们继续前行。在一片空旷的广场

前,他们惊呆了——只见一眼望去都是红土,只有广场中央是个白色的基座,上面有一名跃马扬鞭的骑士。

"这是……这是白莱果广场?"多多有点不确定。

"没错,就是它,法国的第三大广场。"路易斯大叔在旁边说,"中间的骑马雕像,主人公就是法国的太阳王路易十四啦!"

在白莱果广场东南角,他们找到了装饰艺术博物馆。这同样是一个令人激动的地方,近现代装饰艺术在这里得到了淋漓尽致的展现。米娜对每一件展品都赞不绝口,简直不愿移动脚步。

当然,等他们来到老城区,参观那些古典建筑的时候,再次感受到了欧洲中世纪建筑的魅力——建于2000年前但目前仍在使用的罗马

圆形剧场和伫立在山巅的福维耶圣母院尤其让他们印象深刻。

穿行在里昂街头，米娜和多多还真的发现了不少壁画——这座城市仿佛喜欢用画卷向游客们讲述自己的历史：里昂人的日常生活，他们的向往、追求和骄傲，还有那些为里昂和法国乃至世界做出贡献的伟人们。

在索恩河旁的一栋楼前，米娜和多多被一幅巨大的壁画吸引住了。那上面画着30个人物。路易斯大叔告诉孩子们，他们都是里昂历史上的名人。

通过路易斯大叔的讲解，他们认识了其中的很多人——有出生在里昂的罗马帝国皇帝克劳狄一世，有发现了安培定律的法国物理学家安培，还有设计出自动织布机的发明家雅卡尔，以及并非生于里昂，但却在这里生活的电影放映机的发明者卢米埃兄弟……

"看来里昂真是名人辈出啊！"米娜不由得感慨起来。

"可不是嘛，而且其中很多都是发明家呢。要不怎么说里昂是发明家之城呢？"多多附和起来。

在里昂精彩的一天很快过去了。他们吃过晚饭，早早地就都上床休息了。他们要养精蓄锐，准备新的旅程。

晚饭其实很丰盛，有里昂特产干红肠、猪血肠、里昂沙拉等等，但米娜不喜欢吃猪血肠，所以没吃多少。幸亏还有同样是里昂特产的奶酪，才让她大饱口福，也填饱了肚子。

卢米埃兄弟与电影放映机

卢米埃兄弟是法国的一对兄弟，是电影放映机的发明人。其实，在卢米埃兄弟之前，爱迪生已经发明了"电影"。他是电影拍摄技术和机器的最早发明者。但他的电影只是固定场景里的固定人物在表演，每次也只能让一个人在黑匣子前面的镜头里看，就像看万花筒那样。

后来，卢米埃兄弟发明了真正的电影。他们在广阔的空间里拍摄，记录真实的生活，然后用他们的电影放映机在银幕上放映，同时给许多人观看——这才是我们现在看到的电影。卢米埃兄弟利用他们所发明的电影放映机拍摄了很多纪录片，比如《工厂的大门》《火车进站》等。因为卢米埃兄弟发明了电影放映机，人们将他们称为"现代电影之父"。

第10章

曾经的教皇城

三个人再次上路了,这一次他们的目的地是阿维尼翁。

米娜觉得很遗憾,因为无法参加里昂每年一度的世界贸易博览会——它早已结束了。不过想想前面就是曾经一度作为教皇都城的古迹,她的心情又好了起来。

"但是教皇不是在梵蒂冈吗?"多多听米娜念叨着很快就会看到教皇宫了,不禁觉得奇怪。

"是啊,教皇现在是在梵蒂冈。"米娜耐心地说,"不过14世纪的时候,教皇曾经搬到阿维尼翁来,把这里作为他们的都城,还修建了教皇宫呢。"看来她也查看了很多资料,下了一番功夫。

路易斯大叔一边开着车一边说:"的确是这样,而且阿维尼翁的地理位置很重要。我们要从巴黎到普罗旺斯和地中海沿岸去观光,阿维尼翁是必经之路;而从西班牙到意大利去,它也是必经之路。所以早在2200年前,这里就已经是交通要道啦。"

车子离城还很远,米娜和多多就看到阿维尼翁的城墙了。

"看!那城墙和中国古代的城墙样子多像啊,有垛口,有城楼,还有城门呢!可惜,这样的城墙在中国都很少能看到啦!"米娜兴奋而又不无遗憾地说。

多多看着渐渐接近的城墙,问道:"这城墙怕是有几百年的历史了吧?它保留得这么完好,一定很不容易吧?"

"太不容易了。"路易斯大叔严肃地说,"现在,全世界的城市保留下来的城墙都不多了。阿维尼翁还有5000米基本完好的城墙,而且已经有近700年的历史,这本身就是个奇迹啊!"

"这么说,阿维尼翁也是世界文化遗产城市啦?"米娜问。

"当然啦。阿维尼翁城墙,再加上教皇宫和贝内泽桥,这三个古迹使阿维尼翁名列世界文化遗产城市,而且是当之无愧的!"路易斯大叔说。

路易斯大叔特意开车沿城墙走了一圈。米娜和多多看着古老的城墙,想象着千百年来古城经历的风雨,都觉得很感慨。

车子驶入城门没多远,他们就来到了教皇宫。这是一座城堡式的建筑,有城垛,有塔楼,外墙有尖顶拱门样式的装饰,看起来非常古

朴、厚重。在教皇城旁边，有曾经是教皇官邸的小宫殿和一座罗马主教堂。

在教皇宫里转来转去，把米娜和多多都搞晕了——这分明是一座迷宫嘛！他们从一间宫室穿到另一间殿堂，曲折的回廊四通八达，让人辨不清身在何方。

从"城堡"的一侧向另一侧走去，房间渐渐宽敞，建筑装饰也越来越精美奢华了。原来，教皇宫也不是一次建成的，而是分成旧宫和新宫。在新宫里，他们看到一间最大的殿堂，据路易斯大叔说是第一位在阿维尼翁当上教皇的克雷芒六世所建。

出了教皇宫,他们又参观了小宫殿。这里现在已经是美术博物馆了。不过,这座美术馆展出的都是教皇们收藏的画作,当然都和宗教有关。米娜看到其中一幅画画着一位慈爱的母亲抱着个活泼的小婴儿,觉得非常漂亮。

"这是圣母圣婴图,画的是圣母玛利亚和耶稣基督。"路易斯大叔介绍说,"这幅画的作者是意大利著名画家波提切利,他可是一位肖像画的高手!"

看完了这些中世纪和文艺复兴时期的画作,三个人从小宫殿出来,沿着古城街道漫步到罗纳河边。

"看！那边有一座断桥！"多多眼尖，一眼就看到河边有座只剩下四个拱洞的石桥。

"那就是贝内泽桥，又叫阿维尼翁桥，是这里的三大名胜古迹之一。"路易斯大叔说道。

"原来贝内泽桥是一座断桥呀！"米娜看着眼前的断桥，伤感起来，"我听说在杭州西湖也有一座断桥，它们一定都有一段伤感的故事！"

"每一座桥都有自己的故事，但可不一定都是伤感的呀！"路易斯大叔说着，讲起两座断桥的故事来：

传说，一个叫贝内泽的少年受到神的启示，要在罗纳河上建一座

桥。他独自搬运巨石，奠定了桥基。乡民们被他感动了，大家齐心合力，建起了这座900米长的石桥，方便了两岸通行。

西湖断桥呢？其实它根本没断，而是一座单孔石桥。

相传，书生许仙救了一条白蛇，后来白蛇得道，化身为白娘子，想找许仙报答恩情。在一个烟雨蒙蒙的日子，两个人在西湖断桥上相遇，从此开始了一段浪漫而又轰轰烈烈的爱情故事。

第11章

美丽田园薰衣草

在阿维尼翁,三人没有逗留多久。路易斯大叔说,他们可以沿途观光,然后找一个小镇休息。于是,他们很快就上路了。

过了阿维尼翁,他们转向东,进入普罗旺斯地区。车在乡间公路上行驶,两边是开阔的田野,让人心旷神怡。午后的阳光暖洋洋的,照着路边的花田,田里有大片五彩缤纷的鸢尾花,有开着粉红、雪白小花的百里香,再往前走,还有金黄的向日葵,真是赏心悦目!

下午两点钟左右,路易斯大叔告诉他们快到马诺斯克小镇了。路上的向日葵多了起来，它们一朵朵朝着骄阳，显出非常精神的样子，令人忍不住想去摘一朵。

来到小镇，感受着街道的宁静和居民的悠闲，米娜和多多也觉得懒洋洋的了。

"那就让我们先饱餐一顿，再继续上路吧。"路易斯大叔说。

菜是大蒜美乃滋蒸鱼、红酒炖肉，主食是涂了橄榄酱的面包，还搭配了大蒜西红柿面。三个人大饱口福。

路易斯大叔一边吃一边介绍说，普罗旺斯的经典美食有三种东西——橄榄、大蒜和西红柿。他们这下子都吃到啦。

多多对大蒜美乃滋和大蒜西红柿面赞不绝口。他品尝了半天，才猜出来美乃滋其实是蛋黄沙拉酱。

米娜则对橄榄酱很感兴趣,她吃着橄榄酱,感觉有辛辣、清香的感觉,不禁问:"这橄榄酱里都加了什么啊?"

"哦,还记得我们来的路上看到的开着粉白小花的百里香吗?那是一种辛香调料,和酸豆一起调入用鱼、蒜末制成的橄榄酱中。此外这种橄榄酱还加入了胡椒、香薄荷和柠檬汁,所以口感才这么多样。"

"难怪啦!"米娜说着,干脆单独吃起了橄榄酱,一边吃还一边吐着舌头,样子别提多调皮了。

当他们驱车离开马诺斯克的时候,已经快到黄昏了。他们继续向

东,才走了十几分钟,就见在夕阳的照耀下,田间尽是紫色的花朵,一丛丛、一簇簇,漫无边际……

"啊!简直是太美啦!这就是薰衣草田吗?要不是身临其境,真的无法想象这是怎样的美景啊!"米娜赞美着。路易斯大叔刚把车停下,她就第一个跳了下去,跑向花海了。

多多也急忙跟过去,举起照相机,对准镜头,连连拍摄——他们一路上拍了不少照片,但从来没有这么兴奋过。别看多多是男孩子,也一样爱美呢!

拍完照,三个人静静地站在薰衣草花海前,感受着这美的极致。

他们谁也不开口，生怕破坏了眼前的景色……

直到夕阳西下，落日余晖渐渐隐去，他们才依依不舍地上了车，继续向前，去寻找今夜住宿的地方。

到了前面的瓦朗索勒小镇，天已经黑了。路易斯大叔没去找旅馆，而是直接敲开了一家当地住户的门。

主人很好客，他们把三个人请进自己家。这家也有两个孩子，他们很快就和米娜、多多成了好朋友。正当夏日，入夜后天气渐渐凉爽。主人把桌子摆在了院子里，带着全家和三位客人共进晚餐。

晚餐吃得非常愉快。这不是法式大餐，只是家常饭菜，却令人感到别有风味；尤其是米娜和多多有了新朋友，特别开心，吃什么都觉

得香。他们边吃边聊，夜色渐渐深了——乡间的空气异常清新，满天星斗闪烁着，像一只只眼睛在天空眨着，让人心神陶醉……

到上床的时候，孩子们还都不想睡。他们又玩了很久，直到困得睁不开眼睛了，才互道晚安，各自回房去休息了。

第二天，米娜睁开眼，一脸明媚。她的心情特别好。今天早上，她要和主人家的女孩子一起去逛欧丹舒精油店——女孩子来到瓦朗索勒，怎么能不去欧丹舒呢？

等米娜花光了所有的钱满载而归时，多多早都不耐烦了。要知道，他们的下一站可是有黄金海岸之称的法国尼斯呢！

第12章

黄金海岸看大海

带上在瓦朗索勒的收获,路易斯大叔、米娜和多多又出发了。这一次,他们要去欧洲著名的黄金海岸——尼斯。

既然是黄金海岸,当然以海边的风景著称。所以一来到尼斯,三个人就驱车直奔海滨大道。这是尼斯最负盛名的海滩风景,大道上游人如织,一边是滨海的商店、旅馆和别墅,另一边是蔚蓝的大海。港口停泊着大大小小的游艇,远处海天一线,在万里晴空下现出安详和宁静。

他们逛了很久,路易斯大叔又带着孩子们在海边嬉戏、畅游了一

番，才意犹未尽地离开——清凉的海水让人感到清爽，松软的沙滩让人感到舒适，但他们还要寻觅更多的美景呢。

紧接着，他们去了尼斯有名的鲜花市场。

这里真是鲜花的世界！鸢尾、玫瑰、薰衣草花、雏菊、郁金香、紫罗兰……百花争艳，姹紫嫣红，好一片繁花似锦！

徜徉在花的海洋，米娜激动得小脸红扑扑的，在各种鲜花的掩映下，显得更加漂亮。多多走在前面，一副满不在乎的样子，但其实他也被深深地陶醉了。

"真没想到，这里的花会这么多，这么美！"他走着走着，忍不住说道。

"是啊,这里是法国最大的鲜花市场。好多周边国家都到这里来买花呢!"路易斯大叔笑着说,"你们再看,路边到处有鲜花点缀,家家户户的窗前、阳台上都有花,这里可一点儿不比花都巴黎差!"

"照这样说来,巴黎是花都,这里也是花城啦!"米娜跑向前面一家很大的花店,一边喊着,"那我们还不快去买点花!"

路易斯大叔和多多连忙快步跟上,他们一起挑选起来……

现在,他们每人手中都捧着一大捧花,继续在市场里闲逛着。没多久,他们就发现这里说是鲜花市场,其实也有不少卖蔬菜、水果的,还

有各式各样的小吃。花色惹眼、花香扑鼻，再加上诱人的小吃看上去让人垂涎欲滴，闻起来令人食欲大振，真是"色香味"俱佳了。

时近中午，路易斯大叔先给每人买了一份烤制的薄饼。听小贩的吆喝声，米娜和多多知道这东西叫索卡。路易斯大叔告诉他们，索卡是用鹰嘴豆粉加了橄榄油烤成的，非常香脆。接着，他们又尝到了夹着洋葱、鸡蛋、吞拿鱼和橄榄的三明治，还有用西红柿、洋葱、黄瓜、鸡蛋、大蒜和鱼肉等加了橄榄油拌出来的沙拉，这些都是尼斯特有的美食，可口极了。

街边小吃虽然比不了餐馆大餐，但也让大家吃得肚子溜圆，再也塞不进一口了。

吃饱喝足，三个人接着在这尼斯老城区中悠闲漫步。这里青石铺

街，两旁都是中世纪和文艺复兴时期的建筑，看起来古色古香，令人赏心悦目。

整个老城区都是步行街，走在街上，道路两边店铺林立，橱窗中和小摊上的商品琳琅满目，让人目不暇接。街心广场上的喷泉水池，给人带来夏日的清凉。

他们懒洋洋地走着，兜了一大圈，才回到车上，前往希米耶区，去参观马蒂斯博物馆。

还在马蒂斯博物馆外，他们就被这坐落在橄榄树林中，整个外墙

都用逼真的画作装饰的建筑吸引了。

路易斯大叔告诉米娜和多多，马蒂斯是20世纪初期法国新兴的野兽画派的祖师，整座博物馆里都是他自己的画作和雕塑、版画等艺术作品呢。

"野兽派？这个名字好吓人啊！"听了路易斯大叔的介绍，米娜忍不住说。

"哈哈，这只是个名字而已，并不是说那些画家都像野兽一样。"路易斯大叔笑着说，"其实，'野兽派'这个名字是指以马蒂斯为代表的一批画家，他们的表现方法很大胆，用鲜艳、浓重的色彩表达热烈、奔放的情感，这些画在20世纪初掀起了一股热潮呢！"

他们一边说着话，一边走进了博物馆，开始欣赏这位大师的作品。这里有他著名的《石榴静物画》《蓝色的裸体》等。这些画从表面上看感觉很粗糙，有的简直就像直接把颜料倒在了画布上。

在博物馆后的树林深处，他们看到不少古罗马时期遗迹：有圆形剧场，还有许多小器物。据路易斯大叔说，这些遗迹已经有2400多年的历史了。由此可见，尼斯是一座历史悠久的城市。

三个人一直在罗马古城遗址流连到傍晚，才转道去了俄罗斯东正教大教堂。这是尼斯的一座标志性建筑，也是在俄国之外最大的俄国式教堂——它有着6个洋葱头式的圆顶，上面尖尖的像是塔尖。圆顶在夕阳余晖中发出蓝色的光辉，显得异常美丽。

尼斯的历史

早在40万年前,尼斯就有人类生活了。

尼斯在历史上也并非一直都是法国的领土。它濒临地中海,最早是古希腊人来到这里,建起了城市。后来古罗马人又占领了这个地方,罗马古城遗址就是那时候留下来的。此后,古希腊人和古罗马人都先后统治过这个地方。

18世纪初,尼斯并入法国,后来又割让给西西里王国,直到1860年才重新成为法国的港口。所以,尼斯受意大利影响很大,很多建筑都有意大利风格。随着其快速的发展,尼斯已经成为欧洲最具有魅力的黄金海岸,是一个非常漂亮的旅游胜地。

第13章

金棕榈奖与铁面人

昨天过得太充实了。清晨起来，多多还是晕乎乎的呢，可米娜已经精神抖擞了。吃过早饭准备上路时，路易斯大叔告诉他们，在继续行程之前，要绕到葛拉斯去看一看。

"那里有什么好玩的？"多多问。

"那里有香水啊！"米娜笑开了花，"葛拉斯是著名的香水之城，这你都不知道？"

"又是女孩子的东西？没劲！"多多摇头，一副不耐烦的样子，把路易斯大叔和米娜都逗笑了。

一路上又是遍野鲜花，阵阵花香飘进车窗，让人心旷神怡。多多也不嚷着无聊了。

在香水之城，街上到处是卖香水的商店。他们走进几家参观，里面一点也不奢华，香水装在大玻璃瓶里，好像药店，但店里却飘着各种香水混合的味道，好闻极了。

"下一个目的地可是有趣多了。"路易斯大叔边开车边和多多说着。这时候米娜一直忙着试自己买来的香水。多多无聊地撇着嘴，听到路易斯大叔这么说，忍不住问道："那里有什么呢？"

"那里有洁白的沙滩、翠绿的棕榈树，还有老城建筑、小街、美食……"

路易斯大叔还没说完，多多就抢了过去："你说的这些尼斯也有

啊！我们还不如在尼斯多玩两天呢！"

"哈哈！"路易斯大叔笑了，"同样是海滩，同样是老城，给人的感觉可不同。要是加上沙滩影节宫和关押过铁面人的海岛，那就更大不一样啦！"

"影节宫？那一定很好玩。还有铁面人，他好像很出名呢！"多多开始感兴趣了。

"我想一定是戛纳！"米娜搭话了，"那里有每年一度的戛纳电影节，那可是世界著名的电影界盛会呢！"

多多还想问问铁面人的事，但这时已经到了戛纳。一进戛纳老城，他们又感受到尼斯那样的法国古典小镇气息——迎面而来的是各式古典建筑、优美的装饰和雕塑、随山势曲折起伏的街道，还有小镇特有的那种宁静、安谧的气氛，这些都让他们感到舒适而美好。

停好车，循径而上，他们很快来到了老城的山顶。在这里，他们参观了城堡美术馆——但多多一心惦记着去看戛纳影节宫，所以他们浏览了一圈就出来了。

没多久，他们又驱车来到海滨，走过轻柔细软的沙滩，来到戛纳影节宫前。

这是一系列建在沙滩上的现代建筑，它的主体是一栋大型综合场馆，看起来像是体育馆，正面有巨幅广告，下面是延伸出来的长长的

楼梯，通向入口。

多多迫不及待地跑上楼梯，向影节宫大厅冲去。

虽然本年度的电影节已经过去，但大厅里依然热闹非凡，仿佛过节一样。他们去看了歌舞表演，还有电影节优秀影片的展览。听说晚上还会有音乐会和话剧，但现在是看不到了。

在电影节的主会场，他们想象着当时颁奖晚会的盛况，觉得似乎亲临其境、置身其中，好像也被当时热烈的气氛感染了一样。

观看了一部获奖电影后，三个人离开影节宫，来到旁边港口的游艇区。他们要从这里出发，到圣玛格丽特岛去。

"那就是你说的关押铁面人的海岛了，对吧？"多多问，"我看过《铁面人》电影，那个神秘的囚犯真的是路易十四的弟弟吗？"

"这我可不知道。"路易斯大叔租好了船，大家向圣玛格丽特岛驶去。他一边开着船，一边说道："人们相信铁面人在这个小岛上被监禁过，但他到底是谁，又为什么会成为囚犯，却没人能说清楚。"

"那就让我们去解开这个谜好了。"多多满怀信心地说。

船在海面疾驰，很快就来到了这座因铁面人而闻名世界的小岛。只见岛上到处松林密布，密林深处，有一座中世纪城堡，那就是著名的圣玛格丽特岛要塞了。

这座要塞城堡曾经是戛纳临海的一道防线，现在被开辟成一座考古博物馆，里面展出着从海中挖掘出来的古罗马时期的文物，包括当时使用的一些陶器、酒杯、装饰墙壁的马赛克等。但米娜和多多最感

兴趣的，还是传说当年关押着铁面人的囚室。

这是一间阴森、幽暗的牢房。通过导游的介绍，米娜和多多了解到神秘的铁面人曾经被幽禁在这里十几年，但谁都不知道他的姓名和身份。他后来是当了法国国王，还是悄然死在狱中，这一点，同样没有人能说清楚。

米娜、多多同路易斯大叔一起探讨了许多可能性，但到最后也没有得出一个满意的答案——他们终究也没有解开铁面人之谜，最后只好返航，回到戛纳去了。

去圣玛格丽特岛之前他们匆匆吃了午饭，但现在已经是傍晚，他们都饿坏了。

等他们坐在餐厅的餐桌上，开始品味美味佳肴时，才算是又有了心情闲聊。

"今天的美食的确很有特色呢！"米娜边吃边评论起来，"像这道烩什锦，这么多种蔬菜烧在一起，真是人间美味啊！"

"我更喜欢这烧鱼。"多多一边大口吃着，一边含糊不清地说，"鱼肉鲜美，还有土豆、西红柿，又加了柠檬，这简直就是绝品啦！"

"布丁摊鸡蛋也不错啊，还有牛肉糜茄子饼，还有咸干鳕鱼，还有……"米娜说着。

路易斯大叔看他们吃得高兴，也开心地笑了。他说："你们发现

没有，从阿维尼翁开始，普罗旺斯地区的特色菜都有类似的调味料，那就是橄榄油和大蒜，而且西红柿也是每餐必不可少的。"

"的确如此。"米娜点点头，"我还觉得越往海边口味越重，菜里面用的香料也越多。"

他们就这样聊着，不觉已经很晚了。"该睡觉了，孩子们。明天我们还要早点动身呢！"路易斯大叔最后宣布道。

"哦，我们就不能再谈一会儿吗？比如说，再讨论一下铁面人？"多多一点都不想睡，他央求着。

"恐怕不行，孩子。我们明天还要去听雄壮的《马赛曲》呢！"路易斯大叔坚决地说。孩子们无奈，只好睡觉去了。

第14章

去听一曲《马赛曲》

"今天我们要直接去马赛对吗?"上了车,多多就问。"我们在那里会听到《马赛曲》,对吗?"他想了想,又补充了一句。

路易斯大叔一边发动车子,向戛纳郊外驶去,一边回答着:"当然,我们很快就到马赛了。但能不能听到《马赛曲》就不重要了——《马赛曲》在哪里都能听到,马赛却只有一个啊!"

他们来到马赛时,真的还很早。车在清早安静

的街道穿行,绕过老城区,来到了老港。而在这里,已经是一片繁忙的景象了。

展现在他们眼前的,真可以说是千帆万舰——这些船或停或走:有的船刚刚驶入港口,夜航的渔人满载而归,他们称量着收获,脸上带着喜悦的欢笑;有的船正在扬帆起锚,怀着希望驶向远方;而有的船,静静地泊在港口,等着游人乘它出海。

"老港是当地人的说法,其实这个港口建起来才几十年呢。"他们在岸边走着,看渔民商贩们从船上拖下各式各样新鲜的鱼和海鲜来,路易斯大叔讲起了这座港口城市的历史。

"老港才几十年,这里的新港口有多新呀?"米娜好奇地问。

"其实它们在现代的建设历史都差不多,不过老港是天然港,从

古希腊人发现这个港口并在这里登陆建城开始算起，已经有2600多年的历史了。马赛也因为这座天然港存在了2600多年了。"路易斯大叔说。

"那它作为城市，历史比尼斯还要长了？"多多问道。

"没错。它是法国历史最长的城市，同时也是法国最大的港口。在老港西面有规模更大、水域更深的新港，那里才是大型货轮装载货物的港口呢。现在的老港，就只有近海的游船和渔船停靠了。"

逛了一会儿，路易斯大叔租来一艘游艇，带孩子们出海，前往伊夫岛。

太阳越升越高，阳光也越来越强了，但被海风吹拂着，感觉非常凉爽。路易斯大叔指着不远处一座光秃秃的小岛说："看，那就是伊夫岛。岛上的堡垒曾经是马赛港抵抗外敌的前哨阵地呢。后来，它成了一座监狱。"

"监狱？这里不会也关押过铁面人吧？"多多想起刚刚在戛纳看过的圣玛格丽特岛，不禁问道。

"当然不是。"路易斯大叔笑道，"关押在这里的名人甚至不是一个真实存在过的人。"

"我想起来啦！是基督山伯爵！"米娜沉默了一个早上，这时候突然说道。

"没错，就是大仲马笔下的基督山伯爵——他虽然是虚构的，却是个世界名人啊。"路易斯大叔赞许地看了看米娜，点了点头。

多多又有点不好意思了，他很想问问基督山伯爵是谁，却没好意

思开口。

到了岛上，他们参观了伊夫堡中那座著名的监狱——它和圣玛格丽特岛上的监狱一样，当年也是用来关押犯了重罪的流放犯人的。

然后，他们返回马赛，又去游览了马赛最高处的守护圣母圣殿和马赛第四区的隆尚宫。

守护圣母圣殿又称贾尔德圣母院，这里有各种船舶的模型，也有许多壁画和雕塑作品，甚至有现代马赛足球俱乐部球员的球衣，简直像个大杂烩。圣母院的钟楼比山顶还高60米，晚上点起灯来，能起到灯塔的作用。

而隆尚宫最早其实只是一个水塔，但它巍峨雄壮，气势不凡，是一幢非常了不起的建筑。现在它东侧是美术博物馆，西侧是自然史博物馆。米娜和多多对自然史博物馆非常感兴趣，他们在那里看到不少动物标本，学到了很多知识。

中午，米娜和多多尝到了正宗的马赛鱼汤——那是用橄榄油、西红柿、大蒜、茴香、百里香等众多调料烹煮的鲜鱼汤，鱼肉鲜嫩，鱼汤香浓，让他们大饱口福。

而米娜和路易斯大叔也终于给多多讲了基督山伯爵的故事，解开了他心中的疑惑。

下午和晚上，他们留在马赛休息，准备迎接新的旅程。

第15章

图卢兹的太空城

这一天的行程有点远。尽管起了个大早,路易斯大叔和米娜、多多一行还是将近中午才到达今天的目的地——法国的航空和航天之城图卢兹。

不同于以往的是,路易斯大叔这次没有带着孩子们直接进城,而是从高速公路直接开车来到飞机场。在机场,他们简单地吃了午饭,

就立刻动身，去不远的空中客车总部参观。

"空中客车就是波音、麦道那样的大型客运飞机，对不对？"在路上，米娜开始提问了。

"没错，它们可是世界上三种最著名的客运飞机呢！"路易斯大叔说。

"哈哈，这个我知道。波音和麦道都是美国生产的，空中客车则是欧洲的几个国家联合制造的。"多多总算找到一个机会，连忙炫耀起自己的知识来。

说起来容易，多多的知识只是来自他看过的书本和照片。等到了

空中客车总部和它的生产基地,他才真正被震撼了——这里简直太巨大了!

现在这里正在装配空中客车A380。要组装这种能乘坐500多人的大型客机,没有足够的场地怎么行?所以在那巨大的装配车间里,米娜和多多觉得自己太渺小啦。他们看到硕大无朋的飞机在厂房里被一点点拼装起来,惊讶得合不拢嘴。

当然,在飞机内部参观也和真正乘坐飞机的感觉完全不同——还没有完全组装好的飞机就那样静静地停着,他们从某些开放的地方望出去,觉得离地面好高,简直比在天上飞着的时候还要可怕;而飞机里面的众多的部件和复杂的线路也让他们惊叹不已呢!

"该回去啦!明天还有更神奇好玩的东西等着我们呢!"看他

们俩光顾着发呆，路易斯大叔只好催促起来。他们这才开车返回图卢兹。

晚上，吃过晚饭的米娜和多多跟路易斯大叔欣赏起图卢兹的夜景来：市政厅、塞尔南大教堂、奥古斯丁博物馆……在城市的灯光掩映下，这些地方的景色独具魅力，和白天看起来有着不同的风格。

尤其是"新桥"，横跨加龙河两岸，桥在河上，与水中的倒影相映成趣，让人更觉得为这夜色增添了不少妩媚。

"其实这座'新桥'应该被称为老桥才对。它已经有近400年的历史了，是图卢兹最古老的桥梁啦。"路易斯大叔告诉孩子们。

但米娜和多多更关心的是明天他们会去哪里，有什么更神奇好

玩的东西在等着他们。路易斯大叔好像在吊他们的胃口,偏偏就是不说。

"那好吧,我们等着瞧。"两个孩子心里想着,也不问了。他们一直逛到很晚,才慢慢走回事先找好的旅馆,上床睡觉。

第二天,沐浴着清晨的阳光,三个人又出发了。

路易斯大叔驱车出了城,向环城公路驶去。"我们这是去哪儿?难道要离开图卢兹吗?"两个孩子都在心里想。

但他们马上就明白了——远处地平线上,一枚火箭突然出现,直逼入他们的眼帘。

"哇!原来我们是要去太空城!"孩子们喊道。

"没错,就是太空城。你们看到的,是阿丽亚娜火箭!"路易斯大叔说。

近了,更近了。火箭耸立在宽阔的场地上,向人们展示着它高大

的身姿。米娜和多多一下子兴奋起来了。路易斯大叔停下车，他们立刻跑向那枚火箭。

火箭只是一个模型，但它的内部却被设计成了游乐场。在那里，多多高兴地看到一个能显示出他在不同星球体重的电子秤，尤其是在月球上，他只剩下不到10千克啦！

米娜则对一种介绍四季变化的仪器发生了兴趣。她轻盈地跳起舞蹈，仪器就向他们展示出春夏秋冬的交替来。而且米娜跳得越快，四季的交替也越快，后来屏幕上的景色飞速闪现，简直像是时光穿梭。

他俩还一起操纵"月球探测车"到"月球"表面去开采矿石，准备带回来研究呢。

从火箭里出来，旁边是用草坪围起来的星系迷宫。米娜和多多勇敢地闯了进去，很快就成功地找到出口，胜利走出了迷宫。

接着，他们来到太空城展厅。这个巨大的半球体建筑外面被装饰成地球的样子。走进展厅，高高的穹顶透射进充足的光线，让人一点儿也不觉得昏暗。

在展厅里，他们看到了火箭发射舱，还有来自美国国家航空航天局（NASA）的宇航服，它们可都是真家伙呢！

离展厅不远，米娜发现了一个好玩的地方。它像个足球场，

一个角画着半个金黄的大圆圈，场地里有大大小小的半球体，其中一个还带着圆环似的东西。原来这是太阳系模型——金黄半圆是太阳，半球体是各大行星。当然，带圆环的就是有土星环的土星了。

看完太阳系模型，路易斯大叔又带着孩子们来到一排连在一起的圆筒形舱室前。他告诉孩子们，这就是俄国和平号空间站的地面测试舱。

"俄国的和平号空间站？我听说过。"多多说，"它不是已经坠毁了吗？"

"是啊。所以，这一组地面测试舱是我们现在唯一能看到的和平

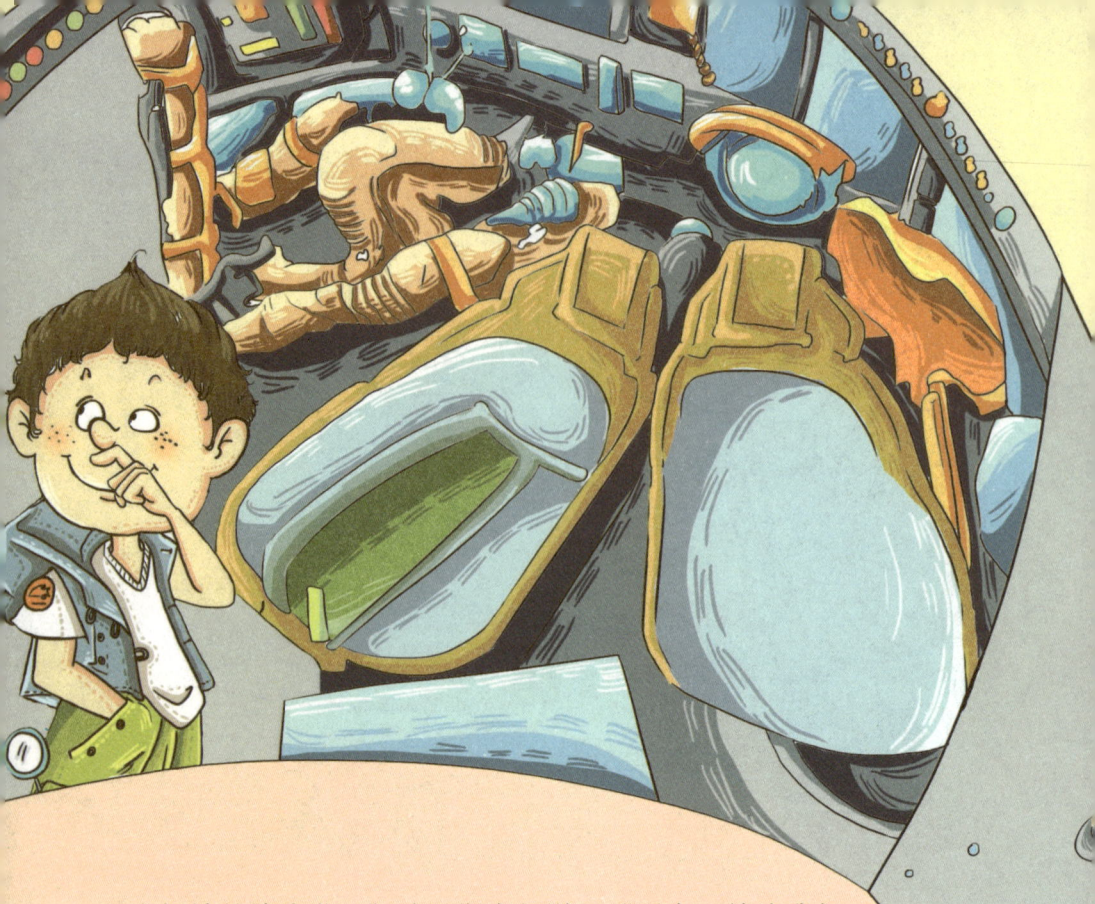

号空间站的遗迹啦。"路易斯大叔说，"现在，就让我们来参观一下这个人类历史上的奇迹吧！"

他们登上支撑机舱的平台，从一端好像潜水艇的圆形减压舱门爬进去，开始了参观旅程。

这段旅程可不算愉快：生活舱、工作舱、设备舱、飞行舱，一个个舱室都很狭小，就连小小的米娜和多多都很难转身。

但他们一点都不觉得烦闷——舱里每一样东西都很新奇，就连飞行舱里的驾驶员座椅都让他们百看不厌，还好奇地上去坐了一阵。

"这次算是大开眼界了。"从太空舱里出来，多多还在不停地说着，"不过，将来要是我当上了科学家，一定要造一个更宽敞的空间站，让宇航员舒服些。"

中午，他们在太空城吃了一顿简单的午餐，下午又到电影厅去看了两场3D科教电影，这才结束了一天的游玩，返回图卢兹。

"怎么样？今天的收获不小吧？"回来的路上，路易斯大叔问米娜和多多。

"真是太棒了，我们学到不少东西呢！"两个人齐声答道。

第16章
中世纪之城和议会之都

米娜和多多都甜美地睡了一觉,醒来时天色已经大亮了。

"今天,我们就要去法国之行的最后一站——斯特拉斯堡啦。这可是古典和现代交融,而且具有国际地位的一座城市。"在早餐桌

前，路易斯大叔宣布。

"旅行又要结束啦。"多多不无伤感地说，"但愿这最后一站也会和其他城市一样，给我们留下一个美好的回忆！"

"一定会的！我相信斯特拉斯堡一定是一座美丽的城市！"米娜望着窗外远处的风景，轻轻地说。

上路了。最后的行程仿佛格外漫长，他们途经发生过第一次世界大战转折性战役的战场——有着"绞肉机"和"地狱"之称的凡尔登，又在梅斯稍作停留，吃了午饭，下午才到达斯特拉斯堡。

这是一座法德边境的城市，位于莱茵河畔，过了莱茵河就是德国了。

"斯特拉斯堡历史上曾经多次分别归法国和德国统治，所以这里的文化、语言、建筑和风俗都有很多德国的痕迹呢！"路易斯大叔介绍说。

"这么说我们在这里相当于同时游览两个国家了？"多多问。

"没错。不过还是让我们先去看看这座城市最重要的建筑——斯特拉斯堡大教堂吧。"路易斯大叔说着，开车向市中心驶去。

到了市中心，远远地他们就看到了那座宏伟的大教堂。它足有140多米高，巍峨地耸立在那里，显得非常庄严。从外观看去，它也是哥特式建筑——拱门、立柱、尖顶，外墙布满精美的雕塑装饰，正中拱门上是巨大的玫瑰花窗。

"但是它好奇怪呀！"多多歪着脑袋看了半天，问道，"它怎么只有一座塔楼呢？"

"你观察得很细致。"路易斯大叔赞赏地看了看多多，说道，"它的确应该有两座塔楼。这座教堂从11世纪开始兴建，断断续续修了300多年，直到15世纪才竣工。但是当时因为经费不足，所以没有

修南面的塔楼。后来政权交替，战争不断，另一座塔楼再也没有建起来。不过，你不觉得它像现在这样反而更有特色吗？"

"真是这样。"米娜评论起来，"千篇一律的哥特式教堂看多了也没意思。这一座看起来很好玩啊！"

走进教堂，一座大钟立刻引起了孩子们的注意。它立在教堂的一角，足有10多米高。它有三个大小不一的钟面，上面还有两层龛架，下一层当中是手持巨斧的死神，上一层则是慈祥的耶稣。

"当！当！当！"钟响了——只见死神右手举着小锤敲了起来，旁边走出来一个老人，上面十二门徒依次从耶稣面前走过，耶稣的手在他们每个人头顶拂过，好像给他们受戒呢。

"这是天文钟,是一种自动化机械。它可是斯特拉斯堡的一宝呢。"路易斯大叔见两个孩子看得聚精会神,在他们身旁解释起来,"它也会在每一刻钟出来一个小人,分别是儿童、青年、中年人和老人,代表了人生不同的阶段。它已经运行了几百年啦……"

"真是不虚此行呀!这座天文钟比第戎的雅克马尔钟好玩多了。"从教堂出来,多多还念念不忘。

"没错。而且在斯特拉斯堡,历史悠久的教堂还有很多,像圣艾蒂安教堂、圣多马教堂、圣约翰教堂,等等。要不这里怎么叫中世纪之城呢?"路易斯大叔盘点了一番。

夕阳西下,船在水中,两岸的石堤上建着木质框架的房屋,红柱白墙掩映着青石绿树,好一幅如画的风景!而路易斯大叔、多多和米娜,也在这风景之中了!

等到他们终于坐到餐桌旁准备享用丰盛的晚餐时,已经是夜色正浓。

这是一顿兼具法德风味的大餐,主菜有法式的雷司令白葡萄酒焖鳟鱼,有德国的酸白菜配咸火腿,有斯特拉斯堡特色鹅肝酱,还有蜗牛、猪牛羊三种肉炖在一起又烤制而成的土豆夹肉,美味极了。

当然,他们也没忘了品尝阿尔萨斯白葡萄酒和德国啤酒,还吃了当地的烤薄饼和巧克力甜点,实在吃不下了,才心满意足地结束了这次大餐。

现在，三个人安逸地坐在桌旁，讨论着第二天的行程。"明天我们主要参观这里的国际组织，了解一下斯特拉斯堡的重要地位吧。"路易斯大叔最后决定。

"这里就是欧洲议会总部啦。"第二天一早，路易斯大叔就带着孩子们开始最后一天的旅程。他们很快来到一座充满现代气息的圆形建筑前。它有十几层高，金属框架，外面全是玻璃窗，显出与众不同的气度。它的旁边是一座同样的钢结构玻璃外墙建筑，前面有广场，广场上飘扬着欧盟成员国的国旗。

"它真的很气派！"米娜说。

他们又看了几处欧盟设在这里的机构，将近中午才找地方吃了午饭，然后就启程返回巴黎，准备回国。